Das große Tier-Quiz

© Naumann & Göbel Verlagsgesellschaft mbH
Emil-Hoffmann-Str. 1, D-50996 Köln
Autorin: Dr. Anne Scheller
Illustrationen Innenteil: © blue67 – Fotolia.com
Gesamtherstellung: Naumann & Göbel Verlagsgesellschaft mbH, Köln
Alle Rechte vorbehalten
ISBN 978-3-625-13733-7

Einleitung

In diesem handlichen Quizbuch haben wir für Dich 150 spannende Fragen rund um die Welt der Tiere zusammengestellt. Du kannst es allein oder mit mehreren spielen, wie Du Lust hast.

Wenn Du das Quiz allein spielst, beantworte einfach so viele Fragen, wie Du willst. Als Hilfe haben wir zu jeder Frage vier mögliche Antworten A, B, C und D vorgegeben. Kreuze einfach Deine Lösung an oder schreibe den Buchstaben Deiner Lösung auf einen Zettel (so kannst Du öfters spielen). Im Lösungsteil am Ende des Buches kannst Du dann nachschauen, wie viele Fragen Du richtig beantwortet hast. Für jede richtige Antwort gibt es einen Punkt.

Du kannst das Quiz aber auch mit Deinen Freunden oder Deiner Familie spielen. Das macht natürlich noch mehr Spaß. Entweder spielt jeder für sich allein oder Ihr bildet Teams. Dabei könnt Ihr euch gegenseitig die Fragen stellen. Auch hier gibt es für jede richtige Antwort einen Punkt. Wer zuerst eine vorher festgelegte Punktzahl erreicht, hat die Runde gewonnen. Ihr könnt aber auch einen Spielleiter bestimmen, der die Fragen an Euch alle stellt. Der Spielleiter überprüft alle Antworten und verteilt die Punkte. Der Gewinner der Runde ist dann der neue Spielleiter und darf als Nächster die Fragen stellen.

Los geht's!

1

Welches an Land lebende Tier ist von allen Tieren das schwerste? Es ist groß und grau und läuft nicht in unseren Wäldern, sondern in heißeren Gefilden umher.

- **A** Nashorn
- **B** Asiatischer Elefant
- **C** Afrikanischer Elefant
- **D** Nilpferd

2

Der Wanderalbatros gilt oft als ungeschickter Flieger. Dabei ist der große Meeresvogel eigentlich ein wahrer Flugkünstler. Er gleitet auf den Meereswinden dahin und fliegt so mehrere Tausend Kilometer, ohne zu landen. Dabei ist er auch noch richtig schnell – aber wie schnell genau?

A Bis zu 22 km/h

B Bis zu 53 km/h

C Bis zu 80 km/h

D Bis zu 131 km/h

3

Im westafrikanischen Regenwald sind die größten Frösche der Welt zu Hause. Wie heißen sie?

- **A** Riesenfrösche
- **B** Goliathfrösche
- **C** Mammutfrösche
- **D** Bongofrösche

4

Raubtiere jagen andere Tiere, um sich von ihnen zu ernähren. Auch bei uns leben in freier Wildbahn viele von ihnen. Welche sind die größten von ihnen?

- **A** Kegelrobben
- **B** Braunbären
- **C** Wölfe
- **D** Wildkatzen

5

Robben sind Raubtiere, die sich im Meer wohlfühlen. Welche leben in Europa?

A Seelöwen

B Seeelefanten

C Seekatzen

D Seehunde

6

Manche Tiere ernähren sich von Menschenblut. Mücken etwa hinterlassen vor allem im Sommer juckende Quaddeln auf unserer Haut. Welchen Blutsauger gibt es noch bei uns?

A Zicke
B Zacke
C Zecke
D Zocke

7

Es gibt schon komische Tiere. Welches dieser vier Dinge ist wirklich ein Tier?

- **A** Lappen
- **B** Schwamm
- **C** Bürste
- **D** Feger

8

Libellen sind die Zirkuskünstler unter den Insekten. Nicht nur tragen sie ein leuchtend buntes „Kostüm", sie vollführen auch tolle Flugkunststücke: rückwärts fliegen und in der Luft anhalten zum Beispiel. Bei der Paarung zeigt ein Libellenpaar eine besondere Nummer. Wie heißt sie?

A Libellenrad
B Hochzeitsherz
C Huckepack
D Libellensalto

9

Es gibt viele clevere Tiere, die uns helfen können. An Flughäfen etwa geht eine große Gefahr von kleineren Vögeln aus, die sich in den Triebwerken der Jets verfangen und diese beschädigen. Mit welchem tierischen Helfer kann man sie vertreiben?

A Trüffelschwein

B Jagdhund

C Falke

D Hausspinne

10

Das Jemenchamäleon von der Arabischen Halbinsel kann seine Hautfarbe ändern: Je nach Laune, Licht und Temperatur färbt es sich in grün-gelben Flecken oder anderen Tönen. Welche Farbe nimmt es bei Aufregung an?

A   rot

B   orange

C   blau

D   schwarz

11

Der Riesenschwamm *Scolymastra joubini* ist auf dem Meeresboden festgewachsen. Sein weiß-gelblicher Körper besteht aus einem schwammartigen Material voller kleiner und großer Poren und er kann uralt werden. Wie alt sind die ältesten Riesenschwämme?

A 100 Jahre

B 1000 Jahre

C 5000 Jahre

D 10 000 Jahre

12

Manche Tiere erfinden erstaunliche Tricks, um Beute zu fangen. Was tun die Speispinnen?

A Sie spucken eine Art Klebstoff.

B Sie erbrechen sich.

C Sie quieken, was wie „Spei! Spei!" klingt.

D Sie speisen.

13

Viele Insekten, wie zum Beispiel Libellen, haben ausgesprochen scharfe Augen, um im Flug schnell reagieren zu können oder um vorüberhuschende Beute zu erkennen. Das schaffen sie aber nicht mit zwei Augen wie bei uns, sondern mit ganz, ganz vielen. Wie viele Augen können Libellen haben?

A 56

B 566

C 6550

D 56 000

14

Manche Tiere sind richtige Architekten und bauen bis zu 13 Meter hohe Türme aus Ton. Wie heißen diese Baumeister?

- **A** Vogelspinnen
- **B** Wespen
- **C** Termiten
- **D** Heuschrecken

15

Die australischen Koalas sind beim Essen ziemlich wählerisch. Sie ernähren sich von den Blättern bestimmter Bäume. Wie heißen sie?

A   Affenbrotbäume

B   Eukalyptusbäume

C   Gingkobäume

D   Olivenbäume

16

Als europäische Seefahrer um 1600 die Inseln Mauritius und Réunion im Indischen Ozean entdeckten, trafen sie dort auf einen bisher unbekannten Vogel, den Dodo. Was stand auf seinem Speisezettel?

A gekochte Kartoffeln

B heißer Kakao

C frisches Fleisch

D vergorene Früchte

17

Die Schneeleoparden aus dem Himalaja sind die besten Weitspringer der Welt. Wie lang werden ihre Sprünge?

- A 11,90 m
- B 15 m
- C 21,10 m
- D 33 m

18

Die meisten Wale sind beeindruckend groß und schwer. Eine Walart hält außerdem den Rekord der höchsten Rückenflosse. Bis zu 1,80 m wird sie groß – so wie ein erwachsener Mann. Welcher Wal trägt diese Flosse auf dem Rücken?

A Schweinswal

B Pottwal

C Schwertwal

D Blauwal

19

Tauben haben einen hervorragenden Orientierungssinn. Selbst wenn sie Hunderte Kilometer entfernt sind, finden sie ihr Nest immer wieder. Diese Fähigkeit nutzten die Menschen früher und machten die Vögel zu fliegenden Briefträgern. Wie schwer durfte die Post der Brieftauben allerhöchstens sein?

A 20 g – wie ein Doppelkeks

B 50 g – wie eine halbe Tafel Schokolade

C 200 g – wie zwei Tafeln Schokolade

D 500 g – wie eine Rolle Doppelkekse

20

Wenn junge Frösche aus ihren Eiern schlüpfen, sehen sie zunächst einmal gar nicht nach Fröschen aus, eher nach kleinen Perlen mit Schwanz. Diese Kaulquappen verwandeln sich nach und nach in kleine Frösche. Welche Körperteile wachsen zuerst?

A   Füße

B   Kopf

C   Vorderbeine

D   Hinterbeine

21

Adler sind besonders große und schöne Greifvögel. Weil sie so majestätisch aussehen, nennt man sie auch Könige der Lüfte. Welche Adler gibt es <u>nicht</u>?

A Fischadler

B Seeadler

C Bergadler

D Steinadler

22

Im Wald leben die Wildschweine. Sie sind jedoch so scheu, dass man sie beim Spazierengehen nur selten antrifft. Während die erwachsenen Tiere ein braunschwarzes, borstiges Fell haben, sehen die jungen Frischlinge ganz anders aus. Wie ist ihr Fell gezeichnet?

A weiß gefleckt

B gelb längs gestreift

C schwarz getigert

D rotbraun getigert

23

Es gibt zwar viele giftige Schlangen, doch das giftigste Tier der Welt ist ein ganz anderes: eine Qualle. Sie kommt zum Glück nur im Pazifik vor. Wie nennt man das Gifttier?

- A Seewespe
- B Meeresbiene
- C Seemücke
- D Seehornisse

24

Der Fächerfisch ist nicht nur der schnellste Fisch der Welt, er trägt auch eine Art Waffe bei sich. Welche?

A Messer
B Dreizack
C Schwert
D Knüppel

25

Wie alle Säugetiere müssen auch Wale Luft atmen. Trotzdem können sie hervorragend und sehr lange tauchen. Wie lange bleiben Pottwale unter Wasser, ohne zu atmen?

A 20 Minuten

B eine Stunde

C zwei Stunden

D drei Stunden

26

Nicht nur Vögel können fliegen, sondern auch einige andere Tiere. Welches dieser Tiere bleibt stets am Boden?

A Fliegender Fisch

B Schmuckbaumnatter

C Flugdrache

D Strauß

27

Ameisenigel und Schnabeltiere leben in Australien und Neuguinea. Sie sind Säugetiere, aber etwas an ihnen ist ganz und gar ungewöhnlich. Was machen sie anders als andere Säuger?

A Sie säugen ihre Jungen mit Wasser.

B Sie legen Eier.

C Sie haben kein Fell, sondern Schuppen.

D Ihre Körpertemperatur ist besonders hoch.

28

Auch wenn der Name es vermuten lässt: Tausendfüßer haben nicht genau tausend Füße. Wie viele Beine hatte das Tier mit den meisten Beinen, das jemals erforscht wurde?

A 100
B 250
C 750
D 1000

29

Haie haben den Ruf, Menschen anzugreifen, zu verletzen oder zu töten. Aber sind Haie wirklich so gefährlich? Wie viele Menschen sterben jährlich durch Haiangriffe?

A 15

B 25

C 50

D 100

30

Wasserbüffel sind große und schwere Tiere. Aber einen Rekord halten die asiatischen Rinder nicht mit Größe oder Gewicht, sondern mit der Länge eines Körperteils. Welches ist es?

A Beine

B Schwanz

C Ohren

D Hörner

31

Der schnellste Mensch schafft eine Geschwindigkeit von etwa 36 Stundenkilometern – aber nur im Sprint für zehn Sekunden. Der beste tierische Sprinter an Land wird dagegen 101 km/h schnell. Wer ist dieser blitzschnelle Renner?

A Gabelbock

B Gepard

C Strauß

D Känguru

32

Manche Tiere, etwa die Säugetiere, bekommen fertig entwickelte Junge. Viele andere legen Eier. Welches Tier von diesen legt <u>keine</u> Eier?

A Leistenkrokodil

B Laubfrosch

C Puma

D Kuckuck

33

Heute herrscht der Mensch über die Erde, ein Säugetier. Vor etwa 100 Millionen Jahren waren die Dinosaurier die unumstrittenen Herrscher über den Planeten. Zu welcher Tierklasse gehörten sie?

A Reptilien

B Amphibien

C Insekten

D Säugetiere

34

Schlangen sind sehr interessante Tiere. Was ist das besondere an ihren Augen?

A   Sie haben drei Augen.

B   Sie können ihre Augen nicht schließen.

C   Alle Schlangen sind farbenblind.

D   Ihre Augen ändern die Farbe.

35

Meerschweinchen sind niedliche und pflegeleichte Haustiere. In welchem Land leben ihre wilden Artgenossen?

A Polen

B Pakistan

C Palau

D Peru

36

Fledermäuse sind nachtaktiv: Sie ruhen tags und gehen nachts auf Futtersuche. Welche Sinnesorgane helfen dabei, sich im Dunkeln zurechtzufinden?

A Augen

B Ohren

C Nase

D Haut

37

Wildkatzen gibt es in Europa, Afrika und Asien. Schon vor langer Zeit haben Menschen diese Tiere gefangen und gezähmt. Seit wann leben Hauskatzen bei den Menschen?

A seit 900 Jahren

B seit 1900 Jahren

C seit 9000 Jahren

D seit 19 000 Jahren

38

Schnecken haben keine Beine, sondern rutschen auf dem Bauch herum – oder? Auf welchem Körperteil bewegen sich die langsamen Kriechtiere wirklich fort?

A auf einem Fuß

B auf einem Bein

C auf dem Bauch

D auf dem Po

39

Schmetterlinge machen eine lange Verwandlung durch, bevor aus ihren Eiern ein ausgewachsener Schmetterling wird. Aus den Eiern schlüpfen die Raupen. Was wird aus diesen?

- **A** Puppe
- **B** Bauklötze
- **C** Rennauto
- **D** Puzzle

40

Vögel legen ihre Eier meist in selbst gebaute Nester, oft hoch oben, wo sie vor Räubern geschützt sind. Aber ein Vogel baut kein eigenes Nest. Stattdessen verteilt er seine Eier einzeln in fremden Nestern. Wie heißt dieser freche Vogel?

A Elster

B Krähe

C Nachtigall

D Kuckuck

41

Nicht nur Hühnereier kann man essen – auch Fischeier! Die winzigen Eier gelten oftmals sogar als besondere Delikatesse. Wie heißt diese?

- **A** Sushi
- **B** Kaviar
- **C** Carpaccio
- **D** Cordon-Bleu

42

Biber fällen mit ihren starken Nagezähnen ganze Bäume und bauen damit Häuser. Wie heißen diese?

- **A** Biberbau
- **B** Bibernest
- **C** Biberburg
- **D** Biberheim

43

In Südamerika lebt eine kleine Kamelart, die besonders für ihr weiches Fell bekannt ist. Daraus kann man herrlich kuschelige und warme Wolle für Pullis und Co. spinnen. Wie heißen die Kamele?

- A Alpakas
- B Abruzzen
- C Azteken
- D Athleten

44

Delfine sind als gute Hochspringer bekannt. Beim Schwimmen, Tauchen und Springen helfen ihnen ihr stromlinienförmiger Körper und ihre starken Flossen. Wie heißen die beiden Vorderflossen, mit denen Delfine in Gefangenschaft sogar Hände schütteln oder klatschen können?

A Finnen

B Flipper

C Fluken

D Flausen

45

Viele Pferde, Ponys und Esel ziert ein dunkler Strich auf dem Rücken. Wie heißt er?

- **A** Delfinstrich
- **B** Lachsstrich
- **C** Aalstrich
- **D** Forellenstrich

46

Faultiere verbringen fast ihr ganzes Leben in den Bäumen der tropischen Regenwälder von Mittel- und Südamerika. Dort hängen sie kopfüber an einem Ast und bewegen sich – wenn überhaupt – nur sehr langsam. Um vor Feinden sicher zu sein, tarnen sie sich. Wie?

A Algen färben ihr Fell grün.

B Ihr Fell ist wie Baumrinde braun gemustert.

C Sie ändern ihre Fellfarbe.

D Sie kleben sich Blätter auf das Fell.

47

Giraffen sind mit ihrem endlosen Hals und den langen Beinen die höchsten Tiere im Tierreich. Bis zu 5,5 Meter werden sie groß und erreichen so auch die Blätter an den höchsten Bäumen. Bei diesem Aussehen merkt man kaum, dass die Tiere mit einem unserer Haustiere verwandt sind. Mit welchem?

A Pferd

B Esel

C Schwein

D Kuh

48

Auf der Oberseite ein Panzer aus Knochenplatten, die auf dem Kopf, vorne und hinten miteinander verwachsen sind, in der Mitte jedoch einzelne Ringe bilden, dazu kurze Beine und ein Schwanz und auf der Körperunterseite Haare. Wie heißt dieses merkwürdige Tier?

- **A** Schildkröte
- **B** Mistkäfer
- **C** Gürteltier
- **D** Panzernase

49

In den Regenwäldern von Afrika leben unsere nahen Verwandten, die Gorillas. Sie sind uns Menschen recht ähnlich, zum Beispiel sind sie tagaktiv, laufen manchmal auf zwei Beinen und klettern nur selten auf Bäume. Sie werden außerdem etwa so groß wie wir, nämlich zwischen 1,25 Meter und 1,95 Meter. Große Männchen werden allerdings deutlich schwerer. Wie schwer genau?

- A 150 kg
- B 180 kg
- C 220 kg
- D 350 kg

50

Trotz ihrer gigantischen Größe ernähren sich viele Wale nicht etwa von riesigen Beutetieren, sondern von winzigem Plankton: Algen, kleinen Krebsen und ähnlichem Mini-Getier. Wie heißen die speziellen Werkzeuge, mit denen sie ihre Nahrung aus dem Wasser filtern?

A Braten
B Bärte
C Barten
D Barren

51

Hermeline sind kleine, schlanke Raubtiere. Im Sommer sind sie oberseits bräunlich, im Winter schneeweiß gefärbt. Warum wurden sie früher von den Menschen als besonders wertvolle Beute gejagt?

- **A** wegen ihres Fells
- **B** wegen ihres Fleisches
- **C** wegen ihrer Schnurrhaare
- **D** wegen ihrer Magensäfte

52

Die Riesenvogelspinne ist die größte und schwerste Spinne der Welt. Wie groß kann die Spannweite ihrer Beine werden?

A 13 cm

B 23 cm

C 30 cm

D 40 cm

53

Die Fühler am Kopf der Insekten sind keine Deko, sondern praktische Sinnesorgane. Wie der Name schon sagt, können die Tiere damit fühlen. Was tun sie mit den dünnen Anhängseln noch?

A hören

B sehen

C schmecken

D kämpfen

Der Helmbasilisk, ein etwa 80 cm langes, grünliches Reptil, hat eine erstaunliche Fähigkeit, die außer ihm nur wenige Tiere besitzen. Welche?

A Farben hören

B auf dem Wasser laufen

C unsichtbar werden

D im Dunkeln sehen

55

Pferd und Esel sind verwandt und können sogar miteinander Kinder bekommen. Wie heißt das Kind einer Eselin und eines männlichen Pferdes?

- **A** Maultier
- **B** Maulpferd
- **C** Maulfaul
- **D** Maulesel

56

Diese Kraken sind ziemlich wehrhaft: Mit ihrem kräftigen Schnabel können die Weichtiere schmerzhaft zubeißen. Dabei stoßen sie auch noch Gift aus, das ihre Beute – meist Krebse – schnell lähmt. Wie heißen die Tiere?

- **A** Grüngeringelte Kraken
- **B** Gelbgestreifte Kraken
- **C** Rotgetupfte Kraken
- **D** Blaugeringelte Kraken

57

Tüpfelhyänen leben in großen Rudeln und erinnern an Hunde, sind aber mehr mit den Katzen verwandt. Womit werden sie im Tierreich häufig verglichen?

- A Polizei
- B Müllabfuhr
- C Finanzamt
- D Schule

58

Kängurus sind sportliche Tiere und können auf ihren kräftigen Hinterbeinen über 10 Meter weit springen. Ihr Schwanz dient dabei als Stütze und Balancierhilfe. Auf welchem Kontinent leben die Weitspringer?

A Afrika

B Asien

C Antarktis

D Australien

59

Beim Urlaub am Meer kann man Muscheln sammeln – eigentlich nur die Schalen, denn die Weichtiere, die in ihrem Inneren leben, sind dann meist schon nicht mehr darin. Die größten Muscheln, Riesenmuscheln genannt, könnte man nicht einfach so mitnehmen, dazu sind sie zu groß und zu schwer. Wie schwer werden sie?

- A 40 kg
- B 144 kg
- C 340 kg
- D 1040 kg

Wildkatzen-Junge werden im Frühjahr zwischen April und Mai geboren. Zu Anfang sind die Tiere noch sehr klein, wiegen wenig mehr als eine Tafel Schokolade und sind blind, das heißt ihre Augen sind fest geschlossen. Wann öffnen sie sie?

A nach 1 Tag

B nach 10 Tagen

C nach 1 Monat

D nach 9 Monaten

61

Viele Tiere sind beeindruckend groß, stark und schön. Welche nennen wir daher die Könige der Tiere?

- **A** Königstiger
- **B** Afrikanischer Elefant
- **C** Nilkrokodil
- **D** Löwe

62

Die Jungen von Kängurus sind bei der Geburt ziemlich klein. Wie klein genau?

- **A** wie ein Gummibärchen
- **B** wie ein Stück Schokolade
- **C** wie eine Pflaume
- **D** wie eine Birne

63

Die größten der wilden Raubkatzen nennt man auch Großkatzen. Welche Tiere gehören <u>nicht</u> dazu?

A Löwen

B Berglöwen

C Tiger

D Jaguare

64

In das heimische Aquarium kommen nur Fischlein, die wenige Zentimeter lang werden. Doch es gibt auch viel größere Arten der Wassertiere. Wie heißt der größte Fisch?

A Walfisch

B Walhai

C Weißer Hai

D Hecht

65

Mit ihren kräftigen Armen sind diese Tiere überaus geschickte Kletterer. Von ihrem langen, rot-braunen Fell läuft das Regenwasser gut ab – das ist in ihrer Regenwald-Heimat äußerst praktisch. Wie heißen die asiatischen Menschenaffen?

- A Schimpansen
- B Gorillas
- C Orang-Utans
- D Ulan Bators

66

Viele Vögel verlassen im Herbst das kalte Nord- und Mitteleuropa und fliegen in den wärmeren Süden. Wie heißen solche Vögel?

A Reisevögel

B Langstreckenflieger

C Winterflüchter

D Zugvögel

67

Fischotter sind eigentlich Landtiere, aber auch das Wasser ist ihr Element: Sie können exzellent schwimmen und tauchen, fangen ihr Futter – Fische, Frösche, Enten und andere Wassertiere – im und am Wasser und frieren selbst im kalten Wasser nie. Was hilft ihnen dabei?

- **A** ihr dichtes Fell
- **B** ihre dicke Speckschicht
- **C** viel Bewegung
- **D** ihr heißes Blut

68

Diese Tiere fressen Fleisch, haben aber trotzdem keine Zähne, um es zu zerkauen. Welche Tiere sind das?

- **A** Leoparden
- **B** Weiße Haie
- **C** Schildkröten
- **D** Fischotter

Das größte Tier der Welt hätte kaum in einem Lkw Platz. Welches ist es?

- A Dinosaurier
- B Blauwal
- C Pottwal
- D Elefant

Der Puma ist eine Katzenart, die nur in Amerika vorkommt. Die geschickten Jäger erbeuten Säugetiere von Maus bis Elch. Die Katzen haben viele verschiedene Namen. Wie nennt man die Tiere <u>nicht</u>?

A Berglöwe

B Silberlöwe

C Kuguar

D Quechua

71

Sie sehen ein wenig aus wie eine Kreuzung aus Murmeltier und Hamster und bauen sich in Gruppen von mehreren Tausend Tieren ganze „Städte" aus unterirdischen Höhlen und Gängen. Aber wie heißen die Nagetiere aus den Graslandschaften Nordamerikas?

- **A** Präriehund
- **B** Präriehamster
- **C** Präriemurmeltier
- **D** Präriekatze

Netzpythons sind große Schlangen aus Südostasien. In welchem Lebensraum kann man die Riesen <u>nicht</u> antreffen?

A Großstadt
B Wüste
C Regenwald
D Sumpf

73

Im südamerikanischen Regenwald leben verschiedene Arten hochgiftiger Frösche. Sie sind bekannt dafür, dass die Einheimischen mit dem Hautgift der Tiere ihre Pfeilspitzen behandeln, um ihre Jagdbeute schneller zu erlegen. Daher heißen die Tiere auch Pfeilgiftfrösche. Wie nennen Experten sie?

A Kletterfrösche

B Waldgiftfrösche

C Baumgiftfrösche

D Baumsteigerfrösche

74

Man sieht sie zwar sehr selten, doch auch bei uns leben Schlangen. Welche trifft man in Europa am häufigsten an?

A Ringelnatter

B Kreuzotter

C Blindschlange

D Blindschleiche

75

Der amerikanische Schwarzbär hält wie viele Bären Winterruhe: Er frisst und trinkt nicht, schläft und seine Körpertemperatur sinkt leicht. Wie lange kann die Winterruhe dauern?

- **A** bis zu 3 Monate
- **B** bis zu 6 Monate
- **C** bis zu 8 Monate
- **D** bis zu 10 Monate

76

Alle Vögel legen Eier. Wie schwer ist das Ei des Straußes, das größte Vogelei im Tierreich?

- A wie 14 Hühnereier
- B wie 19 Hühnereier
- C wie 24 Hühnereier
- D wie 34 Hühnereier

77

Bartenwale filtern ihre Nahrung aus dem Meerwasser, indem sie das Wasser durch das mit Barten besetzte Maul fließen lassen. Eine ähnliche Filtertechnik wendet auch eine Vogelart an. Welche?

- A Ente
- B Pelikan
- C Albatros
- D Flamingo

78

Stinktiere leben in Amerika. Sie werden – je nach Art – etwa so groß wie ein Eichhörnchen oder eine kleine Katze. Ihr Name rührt daher, dass sie Angreifern eine Flüssigkeit ins Gesicht spritzen, die nicht nur übel riecht, sondern auch zu Tränen reizt. Wie nennen Tierexperten die kleinen Raubtiere?

A Skunk

B Stunk

C Stank

D Skank

79

Netzpythons gelten als die längsten Schlangen der Welt: 10 Meter war das längste jemals vermessene Tier lang. Sie fressen Vögel und Säugetiere. Wie erlegen die Schlangen ihre Beute?

 A beißen

 B vergiften

 C erwürgen

 D erschrecken

Wir halten Haustiere, weil sie uns gute Freunde sind. Manche Tiere können aber auch Arbeiten für uns verrichten. Welches dieser Tiere arbeitet <u>nicht</u> für den Menschen?

A Maus
B Elefant
C Pferd
D Falke

81

Tiere gehen nicht in die Schule. Vieles lernen sie dennoch durch Zuschauen und Nachahmen von ihren Eltern und Geschwistern. Andere Fähigkeiten beherrschen Tiere von Geburt an. Wie nennt man dieses angeborene Wissen?

 A Gene

 B Instinkt

 C Großhirn

 D Charakter

82

Amphibien wie Frösche und Reptilien wie Krokodile haben keine gleichbleibend warme Körpertemperatur wie wir Menschen und die anderen Säugetiere. Wie nennt man sie daher auch?

A kaltblütig

B warmblütig

C wechselwarm

D heißblütig

83

Was machen Frösche und Kröten im Winter, wenn ihre heimatlichen Gewässer zufrieren?

 **A** auswandern

 **B** Kältestarre

 **C** Winterschlaf

 D nichts

84

Schlangen können Beutetiere verspeisen, die viel größer sind als ihr eigener Kopf. Wie machen sie das?

- **A** die Beute zerkauen
- **B** die Beute zerreißen
- **C** die Beute mit Gift zersetzen
- **D** die Beute im Ganzen verschlingen

85

Viele Dinosaurier waren wahre Giganten. Wie heißt der größte Dino, von dem wir wissen?

A Mexicosaurus

B Brasiliosaurus

C Argentinosaurus

D Eurosaurus

86

Der Austernfischer ist kein bärtiger Mann mit Fischerboot, sondern ein Tier. Was für eins?

A ein Vogel

B ein Fisch

C eine Muschel

D eine Robbe

87

In unseren Dörfern und Städten leben viele kleinere und größere Vögel. Eine Vogelart hat den Ruf, Münzen und andere Menschendinge zu stehlen. Welcher Vogel ist so ein Sammler?

- **A** Eichelhäher
- **B** Saatkrähe
- **C** Elster
- **D** Taube

Stockenten leben in großen Gruppen auf den Seen der Parks und Gärten. Ihre Nahrung suchen sie sich im Wasser. Wie nennt man das?

A fresseln
B sucheln
C bodeln
D gründeln

89

Reiher sind grau gefärbte, große Vögel, die man meist am Ufer von Seen oder Flüssen antrifft, wo sie Fische jagen. Besonders leicht erkennt man die Vögel im Flug, denn ihr Hals nimmt dabei eine ganz bestimmte Form an. Welche?

 A   wie ein S

 B   wie ein U

 C   wie ein I

 D   wie ein L

90

Atmung und Herzschlag verlangsamen sich und die Körpertemperatur wird etwa so niedrig wie die Temperatur der Umgebung: Das ist der Winterschlaf. Welches Tier hält <u>keinen</u>?

A Murmeltier

B Fledermaus

C Igel

D Rotfuchs

91

Diesem Tier möchte man nicht im Dunkeln begegnen: Mit seinem bis zu 3 Meter langen Stoßzahn ist es ziemlich wehrhaft. Wie heißt das Tier?

- **A** Elefant
- **B** Fächerfisch
- **C** Narwal
- **D** Schwertwal

92

Welche Tiere werden auch Silberrücken genannt?

A Weißer Hai

B Berggorilla

C Eisbär

D Komodo-Waran

93

Welchen Trick wendet der Zitteraal an, um seine Beute zu erlegen und Rivalen zu bekämpfen?

- **A** Stromstöße
- **B** Zittern
- **C** Rammen
- **D** Erschrecken

94

Reptilien wie Krokodile und Schlangen bilden unzählige Arten, große und kleine. Wie kurz wird die kleinste Art?

- **A** 1 cm
- **B** 2 cm
- **C** 3 cm
- **D** 4 cm

95

Viel mächtiger sind dagegen die größten lebenden Reptilien: die Komodo-Warane. Welches ist die größte Beute, die diese bis zu 3 m langen und 160 kg schweren Echsen erbeuten können?

- **A** Wildschwein
- **B** Reh
- **C** Hirsch
- **D** Büffel

96

Was für ein merkwürdiger Name: Axolotl. Was für ein Tier steckt dahinter?

- **A** Schlange
- **B** Lurch
- **C** Nagetier
- **D** Greifvogel

97

Tiger gehören zu den größten und schönsten Raubkatzen. Nach Eisbär und Braunbär sind sie die größten Landraubtiere überhaupt. In welchem Land gibt es keine?

 A Russland

 B Indien

 C Kenia

 D Thailand

98

Der Polarfuchs ist in der Region rund um den Nordpol zu Hause: im Norden Europas, Grönland, Nordkanada, Alaska und Nordrussland. Mit seinem schneeweißen Fell ist er im Polarwinter gut getarnt. Außerdem hat er es kuschelig warm. Welche Temperaturen hält das Tier aus?

A bis zu −30 °C

B bis zu −45 °C

C bis zu −60 °C

D bis zu −70 °C

99

Honiganzeiger sind afrikanische Spechtvögel mit einer Vorliebe für – der Name verrät es – Bienenprodukte. Er mag am liebsten das Wachs, aus dem die Waben gebaut sind. Aber allein kann der Vogel keinen Bienenstock aufbrechen. Wer hilft ihm dabei?

 A Ratel

 B Rassel

 C Rudel

 D Ratte

Neben Walen und Robben gibt es eine weitere Gruppe von Säugetieren, die im Meer leben. Wie heißen sie?

A Seeigel

B Seetiger

C Seekühe

D Seepferde

101

Netzpythons schlängeln sich nicht nur wie viele Schlangen über den Boden, sie können sich auch auf eine andere Art und Weise sehr gut fortbewegen. Auf welche?

- **A** springen
- **B** schwimmen
- **C** rollen
- **D** rennen

102

Prachtvolle, blau-schwarz schimmernde Flügel und schwebender Flug: Das ist der wahrhaft royale Königin-Alexandra-Vogelfalter, der größte Schmetterling der Welt. Wie groß wird er?

A   bis zu 8 cm

B   bis zu 18 cm

C   bis zu 28 cm

D   bis zu 38 cm

Das Krabbeln von Insekten lässt vielen Menschen – meist völlig grundlos – einen Schauer über den Rücken laufen. Mit wie vielen Beinen krabbeln sie?

- **A** zwei
- **B** vier
- **C** sechs
- **D** acht

Insekten haben keine Knochen im Inneren ihres Körpers wie wir Menschen und die anderen Säugetiere. Stattdessen tragen sie einen äußerlichen Panzer, der ihren Körper schützt. Wie heißt der Stoff, aus dem er besteht?

A Horn
B Nagel
C Stahl
D Chitin

105

Der schnellste Vogel der Welt, der Wanderfalke, kann es sogar mit einem Hochgeschwindigkeitszug aufnehmen. Wie schnell fliegt er?

- A bis zu 300 km/h
- B bis zu 330 km/h
- C bis zu 360 km/h
- D bis zu 390 km/h

Vögel haben eine gleichbleibende Körpertemperatur, genau wie wir Menschen. Wie warm sind sie?

A 35 °C

B 37 °C

C 40 °C

D 42 °C

Der Traum vom Fliegen – wir können ihn uns nur in stählernen Flugzeugen erfüllen. Ganz anders die Vögel. Um fliegen zu können, haben sie verschiedene spezielle Körperteile. Welches gehört <u>nicht</u> dazu?

 A Luftsäcke in den Lungen

 B Flügel

 C hohle Knochen

 D aerodynamisches Gefieder

108

Zum Eisschlecken ist eine Zunge wirklich praktisch. Im Tierreich ist die Zunge oft ein richtig wichtiges Werkzeug, zum Beispiel um Futter aus engen, tiefen Löchern zu holen. Der Ameisenbär hat die längste Zunge der Welt. Wie lang ist sie?

A 50 cm
B 100 cm
C 150 cm
D 200 cm

Je nach Alter und Situation schlägt unser Herz verschieden schnell: Im Schlaf pocht es vielleicht 50- oder 60-mal pro Minute, beim Toben schon 150- oder sogar 180-mal. Vögel haben eine viel höhere Herzfrequenz, wie Fachleute dazu sagen. Wie oft schlägt das Herz eines Hausspatzes in der Minute?

- A 390-mal
- B 510-mal
- C 700-mal
- D 900-mal

Viele Fische wehren sich mit Gift gegen Feinde. Welcher der folgenden Wasserbewohner tut das <u>nicht</u>?

A Zitterrochen

B Steinfisch

C Kugelfisch

D Grönlandhai

111

Skorpione sind bekannt dafür, dass sie einen Giftstachel besitzen – jedoch sind nur wenige Arten auch für Menschen gefährlich. Ihre Beute ergreifen die Tiere mit den Zangen und töten sie, wenn nötig, mit ihrem Gift. Was fressen die Tiere <u>nicht</u>?

 A Insekten

 B Fische

 C Spinnentiere

 D Schnecken

112

Neben Bär und Wolf ist er das größte wilde Raubtier Europas: der Eurasische Luchs. Besonders auffällig sind die dunklen Tupfen auf seinem orange-braunen Fell, die dunkle Schwanzspitze und die Ohren. Wie heißen diese?

- **A** Stiftohren
- **B** Federohren
- **C** Pinselohren
- **D** Füllerohren

113

Wenn wir uns umgucken, bewegen wir oft den ganzen Oberkörper, um gut nach hinten sehen zu können. Nicht so die Eulen, die ihren Kopf sehr weit auf dem Hals drehen können. Wie groß ist die Bewegung, die die Vögel machen können?

- **A** Halbkreis
- **B** Dreiviertelkreis
- **C** Siebenachtelkreis
- **D** ganzer Kreis

114

Riesenkalmare sind, wie der Name schon sagt, riesig. Die Tintenfische gehören zu den längsten wirbellosen Tieren überhaupt. Das größte jemals von Forschern untersuchte Tier hatte einen knapp 2 Meter langen Körper und über 15 Meter lange Tentakel. Wie viele?

A sechs
B acht
C zehn
D zwölf

115

Welche Hautfarbe hat der Grottenolm?

- **A** weißlich-rosa
- **B** grün
- **C** grau
- **D** braun

Käseliebend, schnell, quiekend, niedlich: Eine Maus haben wir wohl alle schon mal gesehen. Welche dieser Mausarten gibt es <u>nicht</u>?

- A Hausmaus
- B Feldmaus
- C Waldmaus
- D Wiesenmaus

117

Wer hätte nicht gerne ein Haustier? Schon seit Jahrtausenden suchen sich Menschen Tiere als Gefährten aus. Welche Tiere leben schon am längsten mit den Menschen zusammen?

- **A** Schweine
- **B** Katzen
- **C** Hunde
- **D** Schafe

118

Experten werfen gerne mit schwierigen Wörtern wie Amphibien und Reptilien um sich. Es ist gar nicht so leicht, diese auseinanderzuhalten. Welches der folgenden Tiere ist <u>kein</u> Amphibium?

A Laubfrosch
B Zwergchamäleon
C Erdkröte
D Feuersalamander

119

Riesenschildkröten sind berühmt dafür, sehr alt zu werden. Wie alt wurde das älteste bekannte Tier?

A 99 Jahre

B 111 Jahre

C 175 Jahre

D 256 Jahre

Auf der Welt gibt es unzählige Tierarten. Etwa 1,5 Millionen von ihnen haben Forscher bisher entdeckt. Sie vermuten aber, dass noch weitere Unmengen unerforscht sind. Welche Tiergruppe hat dabei die meisten Arten?

A   Insekten

B   Spinnentiere

C   Fische

D   Säugetiere

121

Achtung, da sieht man Streifen! Welches dieser Tiere gibt es wirklich?

- **A** Streifentiger
- **B** Streifenzebra
- **C** Streifengnu
- **D** Streifenwagen

122

Hochsprung gibt es in der Schule – und im Tierreich. Welches Tier – verglichen mit seiner Körpergröße – ist der beste Springer?

A Klippspringer

B Schneeleopard

C Leistenkrokodil

D Katzenfloh

123

Viele Insekten leben in großen Schwärmen. Welches Tier bildet die riesigsten Versammlungen?

 A Ameise

 B Wüstenheuschrecke

 C Mehlige Kohlblattlaus

 D Honigbiene

124

Besonders im Sommer surren sie um unsere Köpfe: schwarz-glänzende Fliegen. Wie nennen Experten die Tiere?

A Hausfliege
B Wohnungsfliege
C Alltagsfliege
D Hoffliege

Die Goliathkäfer aus dem tropischen Afrika haben kräftige Beine und sind gute Kletterer. Die braunweiß-gemusterten Käfer sind die schwersten Insekten überhaupt. Wie schwer werden sie?

A   wie ein Stift

B   wie ein Päckchen Taschentücher

C   wie eine Tafel Schokolade

D   wie ein Taschenbuch

126

Kakerlaken sind bei Menschen nicht sehr beliebt.
Sie machen sich über unser Essen her und jagen
uns – wie viele Insekten – Schauer über den Rücken.
Welchen Rekord halten Kakerlaken?

- **A** das schnellste Krabbeln
- **B** das langsamste Fliegen
- **C** die längsten Fühler
- **D** die ekligsten Insekten

127

Sind das alles Pflanzen? Nein, ein Tier versteckt sich darunter. Wo?

- A Seeblume
- B Seebaum
- C Seemöhre
- D Seegurke

128

Und noch mehr komisches Meeresgetier. Welches ist <u>kein</u> Fabelwesen?

A Seenasen

B Seeaugen

C Seeohren

D Seewangen

129

Pferdefreunde kennen eine Menge Fachbegriffe für ihre Lieblinge. Welches der folgenden Wörter bezeichnet kein männliches Pferd?

- A Hengst
- B Wallach
- C Beschäler
- D Oxer

130

Fische können – ganz im Gegensatz zu uns Menschen – unter Wasser atmen. Wie heißt das Organ, das sie dafür brauchen?

- **A** Krücken
- **B** Kiemen
- **C** Keuchen
- **D** Keimen

131

Bären sind – auch wenn sie manchmal so aussehen – keine Kuschelteddys, sondern mächtige Raubtiere. Welche Bärenart gibt es <u>nicht</u>?

- **A** Kragenbär
- **B** Haarbär
- **C** Brillenbär
- **D** Lippenbär

132

Menschen sollten stets alle fünf Sinne beieinander haben. Fische haben sogar sechs davon, denn außer sehen, hören, riechen, schmecken und fühlen können die Wassertiere über ihr Seitenlinienorgan Bewegungen im Wasser wahrnehmen. Das Organ befindet sich, wie der Name schon sagt, seitlich am Körper und außerdem noch an einem weiteren Körperteil. An welchem?

A Kopf

B Rückenflosse

C Bauch

D Schwanzflosse

133

Säugetiere wie wir Menschen ernähren ihre Jungen mit Muttermilch. Experten unterteilen die Tiere in Höhere Säugetiere, Ursäuger – und wie heißt der dritte Begriff?

- **A** Milchsäuger
- **B** Staubsäuger
- **C** Beutelsäuger
- **D** Taschensäuger

134

Es gibt einige Tierarten, die beinahe auf der ganzen Welt, auf jedem Kontinent, in ganz unterschiedlichen Lebensräumen zu finden sind. Welches ist der am weitesten verbreitete Vogel der Welt?

A Haussperling

B Küstenseeschwalbe

C Amsel

D Wanderfalke

135

Greifvögel wie Habichte und Falken finden wir oft besonders beeindruckend: Kein Wunder bei ihrer Größe, den starken Krallen und dem meist gebogenen Schnabel. Ein Greifvogel allerdings sieht mit seinen langen schwarzen Federn auf dem Kopf ein wenig lustig aus und auch sein Name ist ungewöhnlich. Wie lautet er?

- **A** Arzthelfer
- **B** Sekretär
- **C** Haushälter
- **D** Putzfrau

136

Bei uns gibt es zum Glück kaum Giftschlangen – in anderen Weltgegenden muss man da schon vorsichtiger sein. In welchem Land gibt es die meisten Giftschlangen?

A Südafrika

B Kolumbien

C China

D Australien

137

Kamele haben Höcker auf dem Rücken: Dromedare einen, Trampeltiere sogar zwei. Was steckt in den Höckern der Wüstenbewohner?

A Fett

B Wasser

C Knochen

D Haare

138

Die meisten Katzen sind Einzelgänger. Ausnahme ist nur eine Art. Welche?

A Sibirischer Tiger
B Löwe
C Schneeleopard
D Ozelot

139

Der kleinste Vogel der Welt ist der Hummelkolibri. Der Winzling von der Karibikinsel Kuba wiegt gerade einmal 3 g – weniger als ein Blatt Papier. Wie lang wird er?

- A 3 cm
- B 6 cm
- C 8 cm
- D 10 cm

140

Diese kleinen, mausähnlichen Tiere leben im Norden Skandinaviens. Sie sind bekannt dafür, dass sich manchmal Tausende von ihnen auf eine lange, gefahrvolle Wanderung aufmachen. Dabei kommen viele von ihnen um. Wie heißen die Abenteurer?

- A Wühlmäuse
- B Polarfüchse
- C Polarmäuse
- D Lemminge

Welches Tier ist unser nächster Verwandter?

A Schimpanse

B Orang-Utan

C Gorilla

D Gibbon

Wuscheliges, braunes Fell, spitze Nase, treuer Blick: Enoks sehen aus wie eine Kreuzung aus Waschbär und Marder. Wie lautet ein anderer Name für das Tier?

A Marderbär
B Waschbärhund
C Marderhund
D Bärenmarder

Die größten Pferde werden bis zu 2,20 Meter groß – und das ist nur ihre Schulterhöhe! Wie nennt man diese Riesen auch?

- **A** Heißblüter
- **B** Warmblüter
- **C** Blaublüter
- **D** Kaltblüter

146

Welse und viele andere Fische besitzen sie: die dünnen Hautfäden rund um das Maul. Wie heißen diese?

A Bars
B Bärte
C Barten
D Barteln

Seesterne sehen fast wie richtige Sterne aus. Wie viele Strahlen oder Sternenzacken haben die Tiere?

A 4 Strahlen
B 5 Strahlen
C 6 Strahlen
D 7 Strahlen

148

Viele Vögel verbringen den Winter bei uns. Aber einer der folgenden vier ist ein Zugvogel und wärmt sich den Winter über lieber in südlicheren Gefilden. Welcher?

- **A** Kohlmeise
- **B** Mehlschwalbe
- **C** Elster
- **D** Waldkauz

149

Wie schützen sich Krebse, Krabben, Hummer und viele andere Wassertiere vor ihren Feinden?

- **A** Munition
- **B** Panzer
- **C** Waffe
- **D** Rüstung

150

Die Beuteltiere mit dem lustigen Namen Opossum werden etwa so groß wie Hauskatzen. Sie sind Allesfresser und fühlen sich auch in nächster Nähe zu Menschen, z. B. in Gärten und Parks, pudelwohl. Auf welchem Kontinent findet man die Tiere?

A Europa
B Asien
C Australien
D Amerika

Lösungen

1 Antwort c: Ein **Afrikanischer Elefant** kann bis zu 7 Tonnen oder 7000 Kilogramm schwer werden – etwa so schwer wie drei vollbesetzte Kombis. Der Asiatische Elefant bringt bis zu 5,5 Tonnen auf die Waage.

2 Antwort c: Wanderalbatrosse werden **bis zu 80 km/h** schnell. Diese hohe Geschwindigkeit, vergleichbar mit einem Auto auf der Landstraße, nutzen sie, um in den Gewässern nördlich der Antarktis von einer Insel zur nächsten zu fliegen.

3 Antwort b: **Goliathfrösche** werden bis zu 32 cm lang und gut drei Kilogramm schwer. Leider sind die Amphibien vom Aussterben bedroht, weil ihr Lebensraum zerstört wird und weil sie von den Menschen der Region als Delikatesse gejagt werden.

4 Antwort a: **Kegelrobben** werden bis zu 300 Kilogramm schwer. Sie leben in der Nord- und Ostsee. Braunbären – obwohl meist größer und schwerer – sind bei uns ausgestorben. Wolf und Wildkatze sind deutlich kleiner und leichter.

Lösungen

5 Antwort d: Die europäischen Robben heißen **Seehunde**, weil ihr Ruf dem Bellen eines Hundes ähnelt. Seelöwen und Seeelefanten leben überwiegend im Pazifik. Seekatzen sind Fische.

6 Antwort c: **Zecken** verstecken sich in Wäldern und Wiesen. Läufst du vorüber, lässt sich der Holzbock, wie das Tier eigentlich heißt, auf dich fallen oder von Gräsern abstreifen. Er bohrt sich in deine Haut und beginnt zu saugen. Nachdem er sich mit Blut vollgesogen hat, kann er 200-mal schwerer sein als vorher.

7 Antwort b: Ein **Schwamm** ist ein Tier. Es gibt tausende Arten von Schwämmen, die meisten leben im Meer, einige im Süßwasser. Die Tiere können sich nicht bewegen, sondern sind auf Felsen oder dem Meeresboden festgewachsen. Ihre Nahrung filtern sie aus dem Wasser.

8 Antwort a: Zwei Libellen berühren sich bei der Paarung jeweils an ihren Enden. In einer Art Kreis fliegen sie dann stundenlang umher. Man nennt dieses Kunststück wegen seiner Form das **Libellenrad.**

Lösungen

9 Antwort c: **Falken** sind hervorragende Jäger: Sie können in der Luft stehen bleiben und mit ihren scharfen Augen ihre Beute noch aus acht Kilometern Entfernung erkennen. Dann stürzen sie sich pfeilschnell auf sie. Für die Jagd oder zum Erschrecken anderer Vögel werden die Tiere von Falknern ausgebildet.

10 Antwort d: Jemenchamäleons ärgern sich buchstäblich **schwarz**.

11 Antwort d: Die Riesenschwämme leben in den eiskalten Gewässern der Antarktis. Sie wachsen langsam und verbrauchen wenig Energie. Dadurch können die bis zu 500 Kilogramm schweren und zwei Meter großen Tiere **bis zu 10 000 Jahre alt** werden. Die ältesten Tiere der Welt waren also schon da, als die Steinzeitmenschen von umherziehenden Jägern und Sammlern zu sesshaften Bauern und Viehzüchtern wurden.

12 Antwort a: Speispinnen **spucken eine Art Klebstoff,** der ihre Beute bewegungsunfähig macht. Manchmal spucken sie im Streit sogar auf ihre Artgenossen.

Lösungen

13 Antwort d: Libellen haben sogenannte Facettenaugen, die aus zahlreichen Mini-Augen zusammengesetzt sind. Pro Auge können das bis zu 28 000 Einzelaugen sein – oder **56 000 Augen** bei einem einzigen Tier.

14 Antwort c: **Termiten** sind Insekten und leben in heißen Regionen, vor allem in Afrika und Südamerika. Dort bauen mehrere Millionen dieser Insekten gemeinsam einen meterhohen Bau. Lüftungsgänge sorgen dafür, dass es drinnen nicht zu warm wird.

15 Antwort b: Koalas futtern nichts anderes als Blätter von **Eukalyptusbäumen.** Außerdem trinken sie sehr wenig und schlafen bis zu 20 Stunden am Tag – und das alles hoch oben in den Bäumen. Auf den Boden kommen die kleinen Säugetiere nur selten.

16 Antwort d: Der Dodo aß nur **vergorene Früchte.** Da der Vogel nicht fliegen konnte und seine Nester am Boden anlegte, waren Eier und ausgewachsene Vögel eine leichte Beute für die Seeleute. Schon um 1690 war der Dodo ausgestorben.

Lösungen

17 Antwort b: Die grau-schwarz gefleckten Großkatzen können bis zu **15 m** weit springen – das ist fast so weit wie ein großer Sattelzug lang ist. Der Weltrekord bei den Menschen liegt dagegen nur bei knapp 9 m.

18 Antwort c: Der **Schwertwal** durchschneidet mit der größten Rückenflosse von allen die Fluten. Mit bis zu 55 Stundenkilometern ist er außerdem das schnellste Wassersäugetier.

19 Antwort b: Brieftauben können etwa **50 g** Gewicht tragen – oder **eine halbe Tafel Schokolade.**

20 Antwort d: Die Kaulquappen bekommen zunächst **Hinterbeine,** dann Vorderbeine. Es bilden sich Lungen und die Kiemenbüschel verschwinden. Zuletzt bildet sich der Schwanz zurück. Diese Verwandlung von der Kaulquappe zum Frosch heißt Metamorphose.

21 Antwort c: **Bergadler** gibt es nicht. Fischadler lieben langsam fließende oder stehende Gewässer mit reichem Fischangebot. Seeadler leben am Meer und Steinadler im Gebirge.

Lösungen

22 Antwort b: Das Fell der Frischlinge ist noch weich und mit vier bis fünf **gelben Längsstreifen** versehen. Grauschwarz wird es erst im Herbst, wenn sich das erste Winterfell bildet.

23 Antwort a: Die **Seewespe** oder Australische Würfelqualle ist das giftigste Tier der Welt. Wie bei allen Quallen erinnert ihr durchsichtiger Körper an einen Regenschirm mit langen Fäden am Rand. Auf jedem dieser Tentakel sitzen Nesselzellen, die mit einem starken Gift gefüllt sind. Eine einzige Seewespe enthält genügend Gift, um 60 Menschen zu töten.

24 Antwort c: Die Oberlippe der Fächerfische läuft spitz zu und ist stark verlängert. Dieses **Schwert** nutzen die Fische auf der Jagd. Sie schießen mitten in einen Fischschwarm hinein und scheuchen ein einzelnes Tier mithilfe des Schwerts fort. Dann schnappt der Fächerfisch das einzelne Beutetier mit dem Maul.

25 Antwort c: Pottwale können bis zu **zwei Stunden** lang und 3000 Meter tief tauchen. Erst dann kommen sie zum Luftholen an die Oberfläche. Dort pusten sie die verbrauchte Atemluft durch ihr sogenanntes Blasloch am Kopf aus.

Lösungen

26 Antwort d: Der **Strauß** ist zwar ein Vogel, kann aber nicht fliegen, dazu ist er viel zu schwer. Fliegende Fische springen auf der Flucht vor ihren Feinden aus dem Wasser und gleiten mehrere Hundert Meter durch die Luft. Schmuckbaumnattern und Flugdrachen, beides Reptilien, leben in den Wäldern Asiens. Sie sind reine Segelflieger und schweben nach dem Absprung im Gleitflug bis zu 60 Meter weit.

27 Antwort b: Während Säugetiere in der Regel lebende Junge gebären, **legen** Ameisenigel und Schnabeltiere **Eier.** Außerdem ist ihre Körpertemperatur niedriger als bei anderen Säugetieren. Sie sind damit den Reptilien, aus denen sich alle Säugetiere entwickelt haben, ähnlicher als andere Säuger. Man nennt sie auch Ursäuger.

28 Antwort c: Der Tausendfüßer hatte 375 Beinpaare oder **750** einzelne Beine.

29 Antwort a: Zum Glück sind Haie weitaus friedlicher als ihre scharfen Zähne vermuten lassen. Jährlich sterben weltweit nur **5–15 Menschen** durch Haiangriffe.

Lösungen

30 Antwort d: Wasserbüffel haben die längsten **Hörner** im gesamten Tierreich. Der längste je vermessene Kopfschmuck war 4,24 Meter lang. Doch auch das Gewicht der Tiere von 1000 Kilogramm und ihre Größe von 1,80 Meter ist nichts für schwache Nerven.

31 Antwort b: Der schnellste tierische Sprinter an Land ist der **Gepard.** Doch auch Gabelbock (86,5 km/h), Strauß (72 km/h) und Känguru (60 km/h) würden mit Leichtigkeit olympisches Gold im Sprint holen.

32 Antwort c: Der **Puma** ist ein Säugetier und bekommt lebende Junge, die mit Milch ernährt werden. Leistenkrokodile, Laubfrösche und Kuckucke legen Eier.

33 Antwort a: Die Dinosaurier waren **Reptilien:** Sie legten Eier, hatten eine Hornschuppenhaut und einen Schwanz.

34 Antwort b: Schlangenaugen haben keine Augenlider: Die Tiere **können ihre Augen nicht schließen.** Als Schutz vor Staub und Schmutz liegt ein durchsichtiger Schild vor den Augen. Manche Schlangenarten sind auch farbenblind und erkennen nur hell und dunkel. Dafür nehmen sie Bewegungen sehr schnell wahr.

Lösungen

35 Antwort d: Wilde Meerschweinchen leben in **Peru,** einem Land in Südamerika. Die kleinen Nagetiere tun sich in Gruppen von bis zu 20 Tieren zusammen und wohnen meist in Erdhöhlen. Mit ihren fiependen und quiekenden Tönen können sie sich sogar miteinander verständigen.

36 Antwort b: Fledermäuse stoßen im Flug Schreie aus, die für uns Menschen nicht zu hören sind. Stößt so ein Schrei an ein Hindernis – zum Beispiel einen Baum oder eine Hauswand –, wird er als Echo zurückgeworfen. Das fliegende Säugetier weiß dadurch genau, was sich vor ihm befindet. Für diese Echo-Ortung brauchen Fledermäuse also ihre großen **Ohren.**

37 Antwort c: Die Falbkatze wurde vor etwa **9000 Jahren** von den alten Ägyptern gezähmt. Als gute Mäusefängerin schützte sie das wertvolle Getreide vor hungrigen Nagetieren. Daher wurden Katzen von den Ägyptern besonders verehrt. Noch heute gehört die Katze zu den beliebtesten Haustieren weltweit.

Lösungen

38 Antwort a: Das Körperteil, auf dem Schnecken über den Boden kriechen, ist ihr **Fuß.** Dafür brauchen sie richtig starke Muskeln, die sich in Wellen zusammenziehen und das Haus-Tier vorwärts schieben. Der glitzernde Schneckenschleim sorgt dafür, dass das Tier ein bisschen leichter vorankommt.

39 Antwort a: Raupen futtern sich einige Wochen lang einen Vorrat an, dann spinnen sie sich in eine feste Hülle ein, den Kokon. Die Raupe in ihrer unbeweglichen Hülle nennt man **Puppe.** Im Kokon verwandelt sich die Raupe in einen wunderschönen Schmetterling.

40 Antwort d: Der **Kuckuck** ist ein sogenannter Brutschmarotzer und legt seine Eier in fremde Nester. Das frisch geschlüpfte Kuckucksbaby schubst sogar alle seine Stiefgeschwister aus dem Nest. Die Stiefeltern füttern nun das Kuckuckskind. Nur manche Vögel merken den Schwindel und verlassen das Nest.

41 Antwort b: Die essbaren Eier vom Stör nennt man **Kaviar.** Für ein Kilo vom teuersten Kaviar zahlen Liebhaber bis zu 7000 Euro! Sushi ist eine japanische Spezialität aus Reis, Algen und rohem Fisch.

Lösungen

42 Antwort c: Das Zuhause der Biber ist wie eine Ritterburg durch einen Wassergraben geschützt. Der Eingang hat zwar keine Zugbrücke, liegt aber unter Wasser, sodass Feinde kaum Zutritt finden. Die gemütliche Wohnhöhle im Inneren der **Biberburg** liegt aber auf dem Trockenen.

43 Antwort a: Die wolligen Tiere heißen **Alpakas** und gehören wie Lamas zu den Neuweltkamelen – schließlich gibt es sie nur in Amerika, der „neuen Welt". Ihr langes, kuschelwarmes Fell schützt sie in den Anden, ihrem gebirgigen Zuhause, vor Schnee und Kälte.

44 Antwort b: Die Vorderflossen von Delfinen heißen **Flipper,** die Rückenflosse Finne und die Schwanzflosse Fluke. Mit ihrem gebogenen Maul sehen die Wassersäuger ein wenig aus, als würden sie verschmitzt lächeln. Welche Flausen haben Delfine wohl im Kopf?

45 Antwort c: Der dunkle Strich auf dem Rücken von Pferden, Ponys und Eseln – aber auch einigen anderen Tierarten – heißt **Aalstrich.** Vielleicht kommt der Name daher, dass der lange dünne Strich an den schlangenförmigen Fisch erinnert?

Lösungen

46 Antwort a: Faultiere werden jeden Tag vom Regen nass. Sie bewegen sich so wenig, dass winzige Algen in ihrem Fell wachsen – ähnlich wie an feuchten Steinen neben einem Fluss. Diese **Algen färben ihr Fell grün** wie die Blätter in den Baumkronen.

47 Antwort d: Giraffen sind mit der **Kuh** verwandt. Beide sind Wiederkäuer, das heißt nach dem Futtern würgen sie die Nahrung noch einmal hoch und kauen erneut. Auf diese Art können sie auch Futter verdauen, das für andere Tiere nicht bekömmlich ist.

48 Antwort c: Das **Gürteltier** sieht aus wie in der Frage beschrieben. Es lebt in trockenen Gebieten Amerikas. Wenn es dunkel wird, begibt es sich auf Nahrungssuche. Mit seiner langen klebrigen Zunge fängt es Insekten.

49 Antwort c: Ausgewachsene Gorillamännchen können in der Natur bis zu **220 kg** schwer werden. Nur in Gefangenschaft werden sie, wenn sie gut gefüttert werden, noch schwerer.

Lösungen

50 Antwort c: Die Wassersäuger haben keine Zähne im Maul, sondern **Barten.** Dies sind eng nebeneinanderliegende Hornplatten, die vom Oberkiefer herabhängen – ähnlich wie ein Kamm. Buckelwale, Grönlandwale und die mächtigen Blauwale gehören dazu. Beim Blauwal werden die Barten bis zu 1 Meter lang.

51 Antwort a: Hermeline wurden jahrhundertelang **wegen ihres weichen, weißen Winterfells** gejagt. Einen Pelzmantel aus Hermelinfell konnten sich allerdings nur Könige leisten.

52 Antwort c: Riesenvogelspinnen werden bis zu **30 cm** lang – gemessen von einem Beinende zum gegenüberliegenden. Sie bedecken damit etwa einen normalen Essteller. Aber möchte man die Krabbeltiere auf dem Esstisch haben?

53 Antwort a: Mit ihren Fühlern können Insekten nicht nur tasten, sondern auch **hören.** Feine Härchen nehmen die Schwingungen in der Luft auf wie bei uns das Trommelfell im Ohr. Sogar riechen können Insekten mit den Sinneszellen an den Fühlern. Zum Kämpfen sind die zarten Sinnesorgane allerdings nicht geeignet.

Lösungen

Antwort b: Der Helmbasilisk kann **auf dem Wasser laufen.** Sein Gewicht verteilt er dabei gleichmäßig auf die langen, fransigen Zehen. Dann flitzt er mit bis zu 12 km/h los, ohne unterzugehen. Weil diese erstaunliche Fähigkeit schon in der Bibel eine Rolle spielt, nennt man die mittelamerikanischen Reptilien auch Jesusechsen.

Antwort d: Das Fohlen einer Eselin und eines männlichen Pferdes heißt **Maulesel.** Maultier sagt man, wenn ein männlicher Esel und eine Pferdestute ein Fohlen bekommen. Die Fohlen aus so einer Verbindung können allerdings keine eigenen Jungen bekommen.

Antwort d: Die **Blaugeringelten Kraken** leben im Pazifischen Ozean in der Nähe der Küsten. Ihr Biss kann auch für Menschen gefährlich werden, weil das Gift die Atemmuskeln lähmt. Zum Glück sind die Tiere mit ihren leuchtend blau geringelten Tupfen am Körper für Taucher und Schwimmer gut zu erkennen.

Lösungen

57 Antwort b: Tüpfelhyänen fressen häufig Aas, also tote Tiere. Sie sind damit eine Art **Müllabfuhr** des Tierreichs und verhindern, dass sich Krankheiten ausbreiten – eine überaus wichtige Aufgabe! Häufig jagen die getupften Tiere aus den afrikanischen Savannen aber auch Antilopen. Sie tun das im Rudel und können auf der Hetzjagd 60 km/h schnell werden.

58 Antwort d: Kängurus leben nur in **Australien** und auf den dazugehörigen Inseln wie Tasmanien.

59 Antwort c: Riesenmuscheln können bis zu **340 kg** schwer werden – das Gewicht kommt allerdings hauptsächlich von den Schalen, die Weichtiere selbst werden nur etwa 10 kg schwer. Bei dieser Größe können sich die Muscheln nicht fortbewegen, sondern leben festgewachsen am Meeresboden.

60 Antwort b: Die jungen Wildkatzen machen meist **nach 10 Tagen** ihre Augen auf. Sie werden einen Monat lang von der Mutter gesäugt. Danach lernen sie von ihr nach und nach das Anschleichen, Anspringen und Überwältigen der Jagdbeute.

Lösungen

 Antwort d: Viele Menschen meinen, dass **Löwen** die unumstrittenen Herrscher im Tierreich sind.

 Antwort a: Es ist kaum zu glauben, aber neugeborene Kängurus sind gerade einmal so groß **wie ein Gummibärchen** und wiegen weniger als ein Gramm. Natürlich kann so ein Winzling noch nicht allein überleben. Er verbringt noch neun Monate im Beutel am Bauch der Mutter. Dort trinkt er Milch, bekommt ein wärmendes Fell und wächst heran.

 Antwort b: **Berglöwe** ist ein anderer Name für den Puma. Diese amerikanische Katzenart ist zierlicher als Löwe und Tiger. Sie gehört nicht zu den Großkatzen, sondern zu den Kleinkatzen.

 Antwort b: Der größte Fisch ist der **Walhai,** der bis zu 18 Meter lang und 15 Tonnen schwer werden kann – das ist etwa so groß und schwer wie ein LKW. Weiße Haie sind mit 5 bis 8 Meter Länge die größten Raubfische. Der Hecht lebt bei uns in Seen und Flüssen. Mit gut einem Meter Länge ist auch dieser Fisch ein beeindruckender Räuber.

Lösungen

65 Antwort c: Die Menschenaffen aus Asien sind die **Orang-Utans.** Schimpansen und Gorillas sind ebenfalls Menschenaffen, leben aber in Afrika. Ulan Bator ist eine Stadt in der Mongolei.

66 Antwort d: Vögel, die den Winter in einer anderen Gegend verbringen als den Sommer, nennt man **Zugvögel.** Dazu gehören zum Beispiel Rotkehlchen und Störche.

67 Antwort a: Fischotter haben ein außerordentlich **dichtes Fell:** bis zu 80 000 Haare wachsen auf einem Stück so groß wie ein Daumennagel. Die einzelnen Haare sind ähnlich wie ein Reißverschluss miteinander verzahnt. Es entsteht eine Art Filz, der Luftblasen einschließt. Diese halten die Haut des Otters trocken und bewahren die Körperwärme.

68 Antwort c: **Schildkröten** haben keine Zähne. Stattdessen haben die Ränder ihrer Kiefer scharfe Kanten. Mit diesen Leisten können sie ihr Futter reißen und zerkleinern. Viele Schildkröten verschlingen ihr Fressen aber auch im Ganzen.

Lösungen

69 Antwort b: Das größte Tier der Welt ist ein Säugetier und lebt im Meer: der **Blauwal.** Er kann unglaubliche 30 Meter lang werden – so lang wie zwei Sattelzüge. Noch beeindruckender ist sein Gewicht von 200 Tonnen. Das sind gleich fünf vollbeladene Lkw auf einmal.

70 Antwort d: Pumas werden auch Berglöwen oder Silberlöwen genannt. Kuguar ist ein indianisches Wort für diese Katze. **Quechua** dagegen bezeichnet eine Sprache der Indios in Südamerika. Aus dieser Sprache kommt das Wort „Puma".

71 Antwort a: Mit Hunden sind die Nager zwar nicht verwandt, doch weil sie ein Geräusch wie ein Bellen von sich geben, nannte man sie **Präriehunde.**

72 Antwort b: Netzpythons lieben das Wasser und sind daher nicht in der **Wüste** zu finden. Ursprünglich waren sie in Regenwäldern und Sümpfen zu finden, verbreiten sich aber heute auch in Großstädten wie Bangkok und Jakarta.

Lösungen

73 Antwort d: Die Tiere heißen bei Experten **Baumsteigerfrösche,** da sie oft gut klettern können.

74 Antwort a: Die häufigste Schlange in Europa ist die **Ringelnatter.** Die Kreuzotter ist eine seltener anzutreffende Giftschlange. Blindschleichen sehen zwar wie Schlangen aus, sind aber keine.

75 Antwort c: Die Länge der Winterruhe hängt davon ab, wie kalt es in der Heimat der Bären ist. In besonders kalten Regionen, zum Beispiel im Norden Kanadas, schlafen die Bären manchmal zwischen September und Mai, also **bis zu 8 Monate** lang.

76 Antwort c: Die Eier des Straußes werden bis zu 2,5 kg schwer. Ihr Inhalt ist dann etwa so schwer **wie 24 Hühnereier.**

77 Antwort d: **Flamingos** filtern ihre Nahrung – das aus Mini-Krebsen und Algen bestehende Plankton – mithilfe der Lamellen am Schnabelrand aus dem Wasser. Die meist rosafarbenen Vögel leben in warmen Gebieten im südlichen Afrika, in Südamerika, aber zum Beispiel auch in Frankreich und Spanien.

Lösungen

78 Antwort a: Tierforscher sagen zu Stinktieren etwas höflicher **Skunk.**

79 Antwort c: Netzpythons gehören zu den Schlangen, die ihre Opfer **erwürgen.** Sie wickeln ihren starken Körper um die Beute und drücken so stark zu, dass sie nicht mehr atmen kann.

80 Antwort a: **Mäuse** verrichten in der Regel keine Arbeit für uns Menschen. Fleißige Angestellte der menschlichen Chefs sind dagegen Elefant, Pferd und Falke. Elefanten räumen – genau wie Pferde – gefällte Bäume aus dem Wald. Falken vertreiben andere Vögel, zum Beispiel verjagen sie Tauben von Gebäuden, die sonst vom Kot der Tiere beschädigt würden.

81 Antwort b: Die angeborenen Fähigkeiten werden vom sogenannten **Instinkt** geleitet. Auch bei uns Menschen spricht man manchmal davon, dass wir etwas instinktiv tun, also ohne lange darüber nachzudenken. So schützen sich sowohl Tiere als auch Menschen instinktiv vor Gefahren, zum Beispiel durch Weglaufen.

Lösungen

82 Antwort c: Amphibien und Reptilien werden **wechselwarme** Tiere, manchmal auch Kaltblüter genannt. Ihre Körpertemperatur ändert sich wie das Wetter: Ist die Umgebung warm, wird auch das Tier warm, ist es kalt, kühlt es sich ab. Daher lieben viele Amphibien und Reptilien warme Sonnenbäder ganz besonders.

83 Antwort b: Frösche und Kröten, aber auch Kreuzottern und Blindschleichen, fallen im Winter in die sogenannte **Kältestarre.** Fällt die Außentemperatur unter einen bestimmten Wert, beginnt zwangsläufig die Kältestarre. Atmung und Herzschlag setzen fast ganz aus, die Körpertemperatur wird sehr niedrig. Das Tier kann nicht aufwachen – es sei denn, es wird wieder wärmer.

84 Antwort d: Schlangen können weder kauen noch reißen. Aber ihre Kieferknochen sind nicht wie bei uns fest verwachsen, daher können sie ihr Maul enorm weit aufsperren und **die Beute im Ganzen verschlingen.** Das größte bekannte Beutetier einer Python war eine fast 60 kg schwere Impala, eine afrikanische Antilope. Nach so einer Mahlzeit sind die Tiere tage- oder wochenlang satt.

Lösungen

85 Antwort c: Der **Argentinosaurus** bekam seinen Namen nach dem Fundland seiner Knochen: Argentinien. Er war vermutlich bis zu 40 Meter lang und 80 Tonnen schwer.

86 Antwort a: Austernfischer sind **Vögel.** Mit ihren langen roten Beinen waten sie durch das seichte Meerwasser und fangen sich Muscheln, Krebse und Würmer. Ihren langen, roten Schnabel benutzen sie als Werkzeug und knacken damit die Schalen der Tiere kinderleicht auf.

87 Antwort c: Mit ihrem schwarz-weißen Gefieder und dem blauem Schimmer auf den Flügeln sind **Elstern** leicht zu erkennen. Häufig sammeln sie Gegenstände, um sie zu untersuchen und zu verstecken. Forscher vermuten, dass die Vögel damit das Futtersammeln üben.

88 Antwort d: Wenn Stockenten etwas zu fressen wollen, stecken sie das Köpfchen unter Wasser und strecken das Schwänzchen in die Höh'. Am Grund des Gewässers suchen sie dann nach Wasserpflanzen oder Würmern: Sie **gründeln.**

Lösungen

89 Antwort a: Der Reiher zieht im Flug den Kopf eng an den Körper heran. Sein langer Hals krümmt sich dabei **wie ein S.**

90 Antwort d: Murmeltier, Fledermaus und Igel halten Winterschlaf, der **Rotfuchs** dagegen nicht. Er kann auch im Winter Jagd auf seine liebsten Beutetiere, die Feldmäuse, machen.

91 Antwort c: Der **Narwal** trägt eine Art Horn an der Schnauze, welches bis zu 3 Meter lang und 10 kg schwer werden kann. Dieser verlängerte Zahn ist aber keine Waffe, sondern dient vermutlich dazu, Temperatur und Druck des Wassers zu messen.

92 Antwort b: Etwa ab dem 12. Lebensjahr färbt sich das Fell der männlichen **Berggorillas** auf dem Rücken silbrig-grau. Man nennt sie dann Silberrücken.

93 Antwort a: Der Zitteraal, der in den Flüssen Südamerikas lebt, kann mit seinem Körper bis zu 650 Volt starke **Stromstöße** abgeben – das ist fast dreimal so stark wie der Strom, der aus unseren Steckdosen kommt. Für einen Menschen wäre die Waffe des Zitteraals tödlich.

Lösungen

94 Antwort c: Die kleinsten bekannten Reptilien, die Kugelfingergeckos der Art *Sphaerodactylus ariasae*, werden gerade einmal **3 cm** lang – und das mit Schwanz! – und wiegen weniger als ein Gramm. Sie leben nur auf der Karibikinsel Beata.

95 Antwort d: Komododrachen, wie man die Riesen auch nennt, erinnern mit ihrem flachen, aber kräftigen Körper, den Schuppen und der langen Zunge stark an urzeitliche Dinos. Sie leben nur auf vier indonesischen Inseln und können sogar ausgewachsene **Büffel** erlegen.

96 Antwort b: Ein Axolotl ist ein **Lurch** oder Amphibium. Das Besondere an den mexikanischen Wassertieren ist, dass sie nicht wie andere Amphibien eine Entwicklung von der Larve zum erwachsenen Tier durchmachen, sondern eine Larve bleiben. Sie behalten ihre Kiemen und verbringen ihr Leben im Wasser – anders als z. B. Frösche, die als Erwachsene Lungen entwickeln und vorwiegend an Land leben.

Lösungen

97 Antwort c: Tiger gab und gibt es nur in Asien und nicht im afrikanischen **Kenia.** Leider sind sie stark vom Aussterben bedroht, weil ihre Lebensräume – oft Wälder oder Sümpfe mit guten Verstecken – zerstört, ihre Beutetiere verjagt und sie selbst von Wilderern verfolgt werden. Heute leben vermutlich nur noch etwa 3000 bis 5000 Tiere in freier Wildbahn – vor 100 Jahren waren es noch 100 000!

98 Antwort d: Polarfüchse können Temperaturen von **bis zu −70 °C** aushalten. Sogar ihre Pfoten sind dicht behaart und eine dicke Speckschicht schützt zusätzlich vor der Winterkälte. Im Sommer verlieren die Tiere ihren schneeweißen Pelz und bekommen ein beigebraunes Sommerfell – die perfekte Tarnung auf der schneefreien Tundra.

99 Antwort a: Der **Ratel** heißt mit anderem Namen Honigdachs und ist ein Liebhaber der süßen Bienenspeise. Doch vom Boden aus hat der kleine Marder keinen guten Überblick. Daher hilft der Honiganzeiger: Der Vogel fliegt vor ihm her und zeigt ihm das Bienennest. Der Honigdachs bricht es auf und futtert den Honig. Für den Honiganzeiger bleiben Wachs und Bienenlarven.

Lösungen

 Antwort c: Die **Seekühe** sind im Wasser lebende Säugetiere. Zu ihnen gehören vier Arten: die Dugongs sowie drei Arten Manatis. Sie leben in tropischen Gewässern – sowohl im Meer als auch in Flüssen. Mit ihrem massigen Körper erinnern sie tatsächlich an Kühe. Die lange, breite Nase deutet auf ihre Verwandten, die Rüsseltiere wie Elefanten, hin.

 Antwort b: Netzpythons können hervorragend **schwimmen** und sind außerdem gute Kletterer. Beides ist in ihrer Heimat, den Regenwäldern und Sümpfen in Südostasien, sehr praktisch.

 Antwort c: Die Weibchen des Königin-Alexandra-Vogelfalters erreichen eine Flügelspannweite von **bis zu 28 cm** – fast so groß wie ein Essteller. Leider sind die hübschen Falter vom Aussterben bedroht, weil ihr Lebensraum – die Regenwälder Südostasiens – zerstört wird. Außerdem sind sie ihrer großen Flügel wegen bei Sammlern begehrt.

 Antwort c: Alle Insekten – also Käfer, Bienen, Schaben und Co. – haben **sechs** Beine. Spinnen laufen sogar auf acht Beinen und gehören daher nicht zu den Insekten.

Lösungen

104 Antwort d: Der Panzer von Insekten besteht aus dem Stoff **Chitin.** Es verleiht nicht nur Festigkeit, sondern auch Biegsamkeit, damit sich die Tiere frei bewegen können.

105 Antwort c: Wanderfalken werden **bis zu 360 km/h** schnell. Diese unglaublich hohe Geschwindigkeit erreichen sie allerdings nur im Sturzflug, wenn sie sich von hoch oben auf andere Vögel stürzen. Die Beute wird oft schon durch den starken Aufprall getötet.

106 Antwort d: Die Körpertemperatur von Vögeln beträgt etwa **42 °C.** Wir Menschen sind, wenn wir gesund sind, gerade einmal 37 °C warm.

107 Antwort a: Vögel haben zwar **Luftsäcke in den Lungen,** diese helfen jedoch nicht beim Fliegen, sondern dienen der Atmung, der Stimmbildung und der Regulierung der Körpertemperatur. Ihre Flügel, die sehr leichten hohlen Knochen und das speziell an den Luftstrom beim Fliegen angepasste Gefieder dagegen unterstützen die Schnabelträger beim Fliegen.

Lösungen

 108 Antwort b: Die Zunge der Ameisenbären wird etwa **100 cm** oder 1 Meter lang. Die Tiere aus Mittel- und Südamerika können ihr langes Mundwerkzeug allerdings nur etwa 60 cm weit aus dem Maul herausstrecken. So sammeln sie Ameisen und Termiten aus ihren Bauen.

 109 Antwort d: Das Herz eines Hausspatzes oder Haussperlings pumpert etwa **900-mal** in der Minute – oder unglaubliche 15-mal in der Sekunde!

 110 Antwort a: Steinfische besitzen Giftstacheln. Da sie wie Felsbrocken aussehen, besteht die Gefahr, dass Schwimmer im Indopazifik oder Roten Meer auf sie treten. Kugelfische und Grönlandhaie sind nur gefährlich, wenn man ihr Fleisch ist. Trotzdem sind die hochgiftigen Kugelfische in Japan als teure Delikatesse begehrt. **Zitterrochen** sind nicht giftig, können aber schmerzhafte Stromschläge austeilen.

 111 Antwort b: Da Skorpione in der Regel in trockenen Regionen leben, fressen sie keine **Fische.** Sie ernähren sich meist von Insekten und Spinnentieren und gehen nachts auf die Jagd.

Lösungen

112 Antwort c: Experten nennen die Ohren vom Luchs **Pinselohren,** weil sie an ihrem Ende Haarbüschel haben, die an Pinsel erinnern. Sie lenken den Schall zum Ohr hin und machen die Katze zu einem erstaunlich scharfen Hörer. Luchse hören ein laufendes Reh noch in 500 Metern Entfernung!

113 Antwort b: Eulen können ihren Kopf etwa 270° weit auf dem Hals drehen, das heißt einen **Dreiviertelkreis** beschreiben. Wir Menschen schaffen gerade einmal einen Halbkreis. Dafür können Eulen ihre Augen nicht bewegen und wir schon, was unser Blickfeld wiederum erweitert.

114 Antwort c: Riesenkalmare haben **zehn** Tentakel oder Arme, weshalb man sie auch zu den sogenannten Zehnarmigen Tintenfischen rechnet.

115 Antwort a: Grottenolme leben in Gebirgshöhlen an der Westküste der Adria. Weil es dort immer dunkel ist, hat ihre Haut keine färbenden Pigmente: Sie schimmert **weißlich-rosa.** Früher hielt man die Amphibien für Drachenjunge.

Lösungen

 Antwort d: Hausmaus, Feldmaus und Waldmaus sind in Europa verbreitet. Nur eine **Wiesenmaus** gibt es nicht.

 Antwort c: Die ersten Wölfe wurden vermutlich bereits vor mindestens 12 000 Jahren gezähmt und entwickelten sich dabei zu **Hunden.** Katzen wurden vor etwa 9000 Jahren und Schweine, Rinder und Schafe vor rund 8000 Jahren vom Menschen gezähmt.

 Antwort b: **Zwergchamäleons** sind Reptilien: Sie haben einen Schwanz, eine Hornschuppenhaut und legen Eier. Laubfrosch, Erdkröte und Feuersalamander sind Amphibien oder Lurche. Die meisten entwickeln sich von einer Larve, die im Wasser lebt, zu einem erwachsenen Tier, das an Land lebt. Reptilien und Amphibien gehören zu den Wirbeltieren.

 Antwort d: Im Zoo von Kalkutta in Indien starb im Jahr 2006 eine Riesenschildkröte. Adwaita – so ihr Name – war damals vermutlich **256 Jahre** alt. Sie wurde damit in einer Zeit geboren, als man in Europa noch weiße Lockenperücken, weiße Kniestrümpfe und knielange Hosen trug.

Lösungen

120 Antwort a: Es sind derzeit knapp eine Million Arten von **Insekten** bekannt – mehr als von allen anderen Tiergruppen. Auch Spinnentiere und Fische sind mit etwa 75 000 bzw. 25 000 Arten sehr zahlreich. Von den Säugetieren leben dagegen „nur" etwa 5000 Arten auf unserem Planeten.

121 Antwort c: Tiger und Zebra tragen zwar Streifen im Fell, aber nur das **Streifengnu** trägt sie auch im Namen – genau wie Streifenhörnchen und Streifenhyäne.

122 Antwort d: Der beste Springer – verglichen mit seiner Körpergröße – ist der winzige **Katzenfloh.** Das gerade einmal 3 mm große Insekt schafft 34 cm hohe und 18 cm weite Sprünge. Das ist so, als würdest du über ein Hochhaus springen!

123 Antwort b: Ameisen und Honigbienen leben in Schwärmen von einigen Tausend Tieren. Doch das ist nichts gegen die Schwärme von **Wüstenheuschrecken,** die sich manchmal in Afrika zusammenfinden: Bis zu 50 Milliarden Tiere fressen ganze Landstriche kahl.

Lösungen

 Antwort a: Es gibt bei uns etwa 500 Fliegenarten. In unseren Wohnungen fliegen meist die Stubenfliege oder die Grauschwarze **Hausfliege** herum.

 Antwort c: Goliathkäfer können bis zu 100 g auf die Waage bringen – genauso viel **wie eine Tafel Schokolade.**

 Antwort a: Kakerlaken können von allen Insekten **am schnellsten krabbeln.** Sie schaffen etwa 5,4 km/h und könnten damit neben einem menschlichen Spaziergänger herlaufen. Dabei haben sie doch viel kürzere Beine!

 Antwort d: **Seegurken** sind wirbellose Wassertiere, deren Form an dicke Würmer oder eben Gurken erinnert. Manche Arten werden bis zu 2 Meter lang, andere nur 1 mm. Es gibt sie außerdem in ganz verschiedenen Farben, mit stacheliger oder glatter Haut, voller Flecken oder wurmartiger Fortsätze.

Lösungen

128 Antwort c: Die **Seeohren** sind eine Gattung von Muscheln mit 66 einzelnen Arten. In Japan ist ihr Fleisch als Delikatesse begehrt. In Neuseeland verwendet man die perlmuttschimmernden Schalen als Schmuck.

129 Antwort d: Ein **Oxer** ist ein Hindernis beim Springsport. Ein Hengst ist ein männliches Pferd, Wallach heißt es nach der Kastration (wenn es keine Fohlen mehr zeugen kann). Besonders edle Hengste werden für die Pferdezucht eingesetzt, man nennt sie dann Beschäler.

130 Antwort b: Fische atmen durch **Kiemen.** Hier wird der Sauerstoff aus dem Wasser in das Blut des Tieres transportiert.

131 Antwort b: Kragenbären und Lippenbären leben in Asien. Der Brillenbär ist die einzige südamerikanische Bärenart. **Haarbären** sind frei erfunden.

Lösungen

132 Antwort a: Die Seitenlinienorgane der Fische sind in einer langen Linie an der Körperseite und in mehreren Linien am **Kopf** des Fisches angeordnet. Über diese speziellen Zellen spüren die Fische, wenn sich das Wasser bewegt. Dadurch merken sie, wenn sich ein Beutetier oder auch ein Feind nähert.

133 Antwort c: Die dritte Gruppe der Säugetiere nennt man **Beutelsäuger.** Ihre Jungen werden geboren, wenn sie noch sehr wenig entwickelt sind. Sie wachsen anschließend noch eine Zeit lang in einem Beutel am Bauch der Mutter weiter. Unter anderem ist das so bei Kängurus, Koalas und Beutelratten.

134 Antwort d: Der **Wanderfalke** ist auf der ganzen Welt zuhause. Bis auf die Antarktis besiedelt er alle Kontinente. Gewöhnlich brütet er hoch oben an Felsen und baut seine Nester daher in Gebirge oder an Steilküsten. Doch auch in Städten und Industrieanlagen kann man ihn häufig finden – immer hoch oben an den künstlichen „Felsen".

Lösungen

135 Antwort b: Die afrikanische Greifvogelart heißt **Sekretär.** Forscher glauben, dass der Name von den langen schwarzen Federn auf dem Kopf herrührt. Diese erinnern daran, wie sich Schreiber – oder Sekretäre – früher ihre Schreibfedern hinter die Ohren steckten.

136 Antwort d: In **Australien** gibt es die meisten Giftschlangen der Welt. Von den gut 180 australischen Schlangenarten sind 120 giftig, etwa 20 davon sind auch für Menschen hochgefährlich. Ein Australienurlaub ist trotzdem kein übergroßes Risiko, denn für die meisten Schlangengifte gibt es Gegengifte.

137 Antwort a: In ihren Höckern speichern Kamele **Fett** und nicht, wie man oft hört, Wasser. Dieses Fett können sie zurückverwandeln: in Energie und Wasser. So halten sie es in ihrer Wüstenheimat lange ohne Nahrung und Wasser aus.

Lösungen

138 Antwort b: Sibirische Tiger, Schneeleoparden und Ozelots sind Einzelgänger. **Löwen** dagegen leben im Rudel. Es besteht meist aus fünf bis 15 Weibchen mit ihren Jungen sowie einem bis sechs Männchen. Insgesamt leben die Großkatzen also mit bis zu 30 oder mehr Tieren zusammen.

139 Antwort b: Der Hummelkolibri wird etwa **6 cm** lang, das ist nur wenig länger als der kleine Finger des Menschen. Wie alle Kolibris setzt er sich zum Fressen nicht hin, sondern hält im Flug über einer Blüte an und trinkt dann den Nektar heraus.

140 Antwort d: Lange Zeit glaubten die Menschen, **Lemminge** würden sich freiwillig in den Tod stürzen. Forscher meinen heute, dass die Tiere neuen Lebensraum suchen, weil zu viele Junge geboren wurden. Unterwegs überqueren die Lemminge, die mit den Wühlmäusen verwandt sind, Straßen, Gebirge und Flüsse – und dabei sind tödliche Unfälle kaum zu vermeiden.

Lösungen

141 Antwort c: Die Kolonie von Argentinischen Ameisen erstreckt sich vom Norden Spaniens über Frankreich bis Italien und ist damit etwa **6000 km** lang. Die Ameisen leben allerdings in mehreren abgetrennten Nestern, jedes hat seine eigene Ameisenkönigin.

142 Antwort b: Ein **Wellensittich** namens Puck, der bei einer Familie in den USA lebte, hatte einen Wortschatz von mehr als 1700 Wörtern. Der Graupapagei Prudle aus Großbritannien kannte nur etwa 800 Wörter. Sumpfrohrsänger ahmen viele verschiedene Vogelstimmen, aber keine Menschen nach. Beos in Gefangenschaft ahmen die menschliche Sprache nach – in der Wildnis imitieren sie allerdings nie andere Vögel.

143 Antwort a: Orang-Utans, Gorillas und Schimpansen sind Menschenaffen – genau wie wir Menschen. Am nächsten verwandt sind wir mit dem **Schimpansen.**

144 Antwort c: Enoks gehören zur Familie der Hunde und heißen daher auch **Marderhunde.** Früher gab es die Tiere nur in China, Japan und Ostrussland. Doch seit den 1960er Jahren haben sie sich bis nach Westeuropa verbreitet.

Lösungen

145 Antwort d: Die größten und schwersten Pferde wie etwa die Shire Horses aus England nennt man **Kaltblüter.** Mit ihrer Körpertemperatur hat das jedoch rein gar nichts zu tun. Sie sind sehr ruhig und geduldig, was man im Gegensatz zu „heißblütigen", aufgeregten Persönlichkeiten bei Mensch und Tier als „kaltblütig" bezeichnet.

146 Antwort d: Die Hautfäden am Maul von Fischen heißen **Barteln.** Diese sind kein Körperschmuck, sondern hochentwickelte Sinnesorgane: Die Wassertiere können mit den Barteln tasten und schmecken.

147 Antwort b: Seesterne besitzen in der Regel **5 Strahlen** oder ein Vielfaches davon. Manche Arten haben ausnahmsweise aber auch mal mehr Arme, z. B. 11 oder 23. Der fünfstrahlige Körperbau taucht auch bei einem anderen, nah verwandten Tier auf: bei den Seeigeln.

Lösungen

 Antwort b: **Mehlschwalben** verlassen jeden Herbst Europa und ziehen über das Mittelmeer und die Sahara bis ins südliche Afrika. Im Frühjahr kehren sie zurück. Eine Schwalbe macht noch keinen Sommer, aber wenn ganze Schwärme von ihnen zurückkehren, ist die warme Jahreszeit bald da.

 Antwort b: Krebse haben einen harten **Panzer.** Er besteht aus mehreren Teilen, damit sich das Tier frei bewegen kann. Vorne haben die Krebse außerdem ein paar kräftige Scheren, mit denen sie ihre Nahrung greifen und sogar Muscheln knacken.

 Antwort d: Anders als die bekannten Beuteltiere wie Kängurus und Koalas sind Opossums oder Beutelratten nicht in Australien, sondern in **Amerika** zuhause.